ALBUM

DE

L'ÉCOLE CENTRALE

VUES ET SOUVENIRS

Publié par les soins

DE

L'ASSOCIATION AMICALE

DES ANCIENS ÉLÈVES

1884

COMPOSÉ ET GRAVÉ PAR ALBERT FERNIQUE

(Promotion 1862)

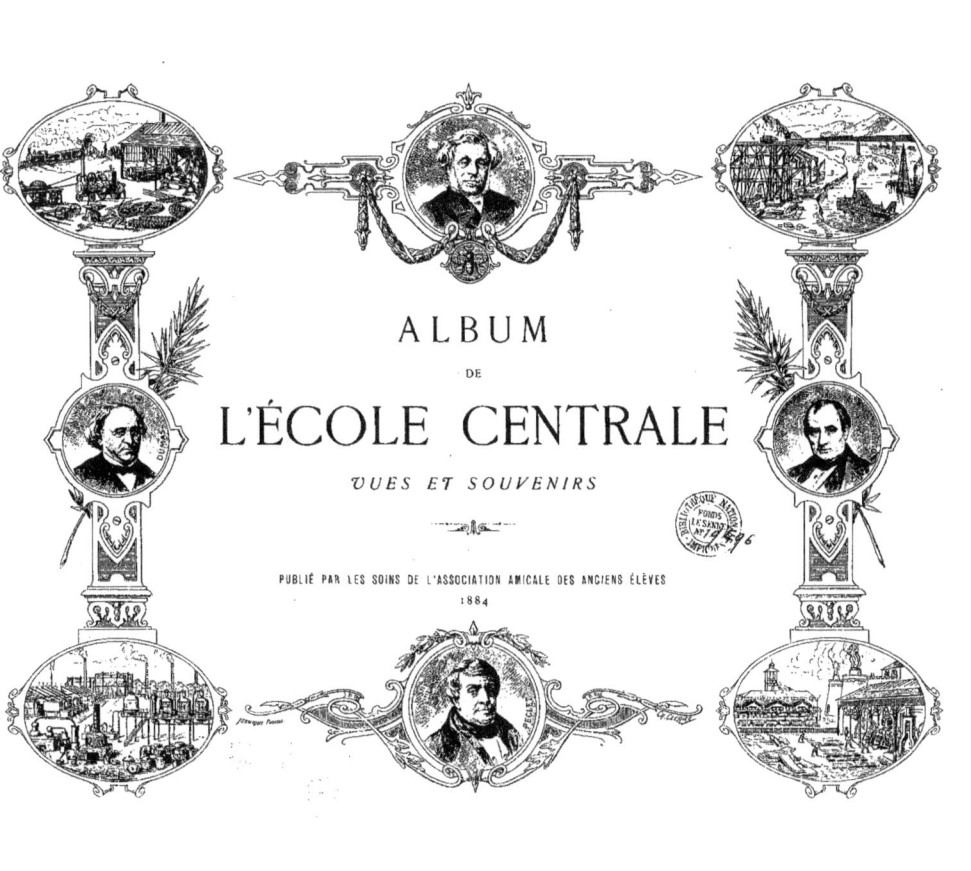

ALBUM

DE

L'ÉCOLE CENTRALE

VUES ET SOUVENIRS

PUBLIÉ PAR LES SOINS DE L'ASSOCIATION AMICALE DES ANCIENS ÉLÈVES
1884

IMPRIMÉ PAR PAUL SCHMIDT
5, rue Perronet, Paris.

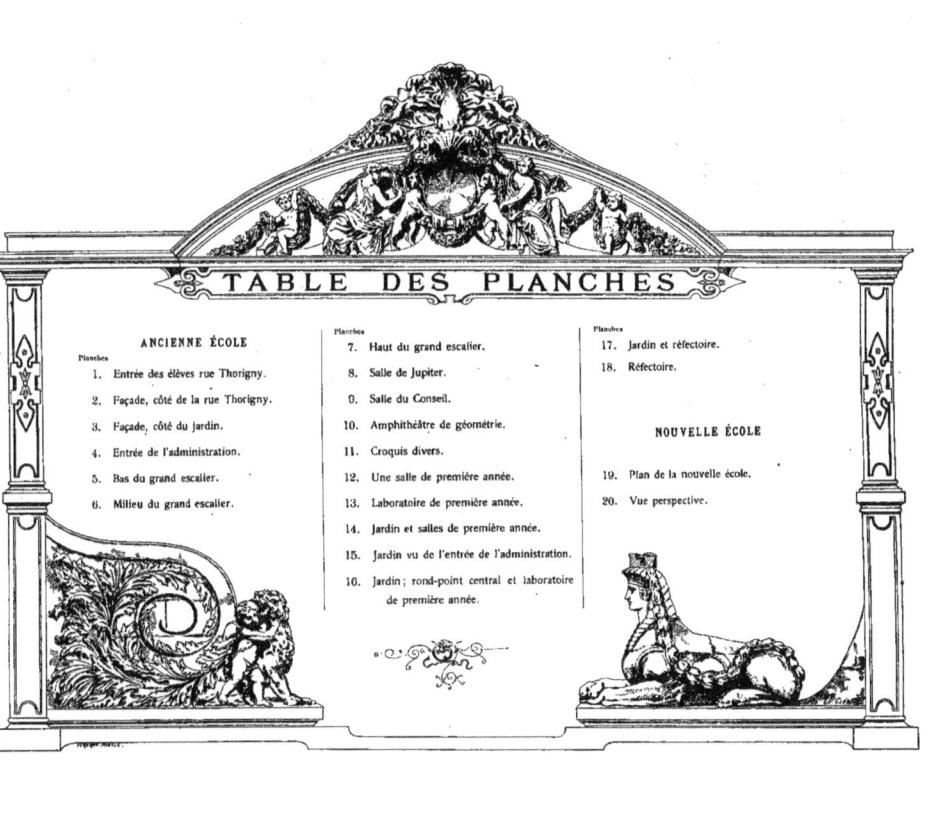

TABLE DES PLANCHES

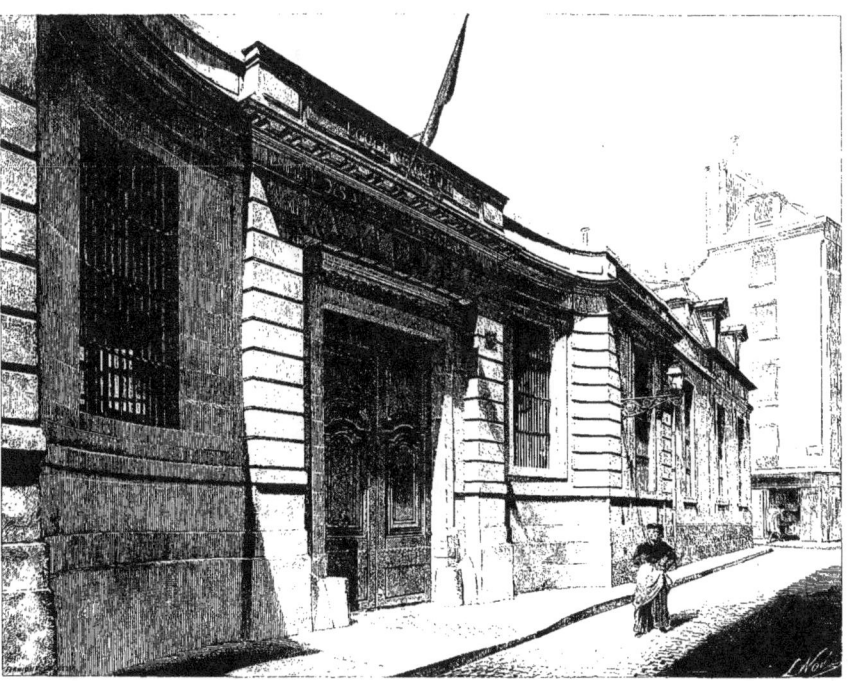

ENTRÉE DES ÉLÈVES RUE THORIGNY

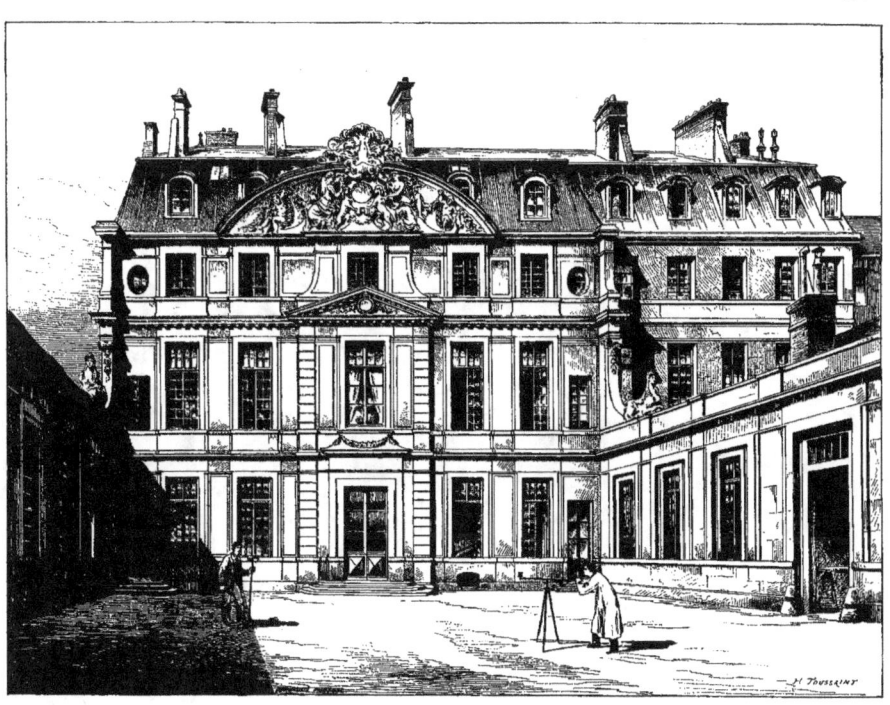

FAÇADE COTÉ DE LA RUE THORIGNY

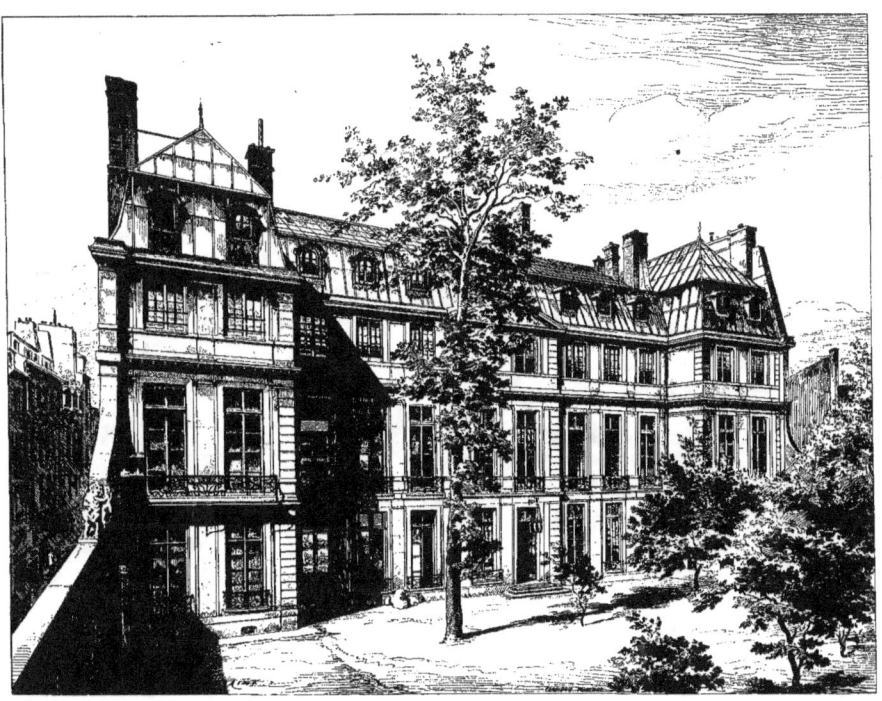

FAÇADE COTÉ DU JARDIN

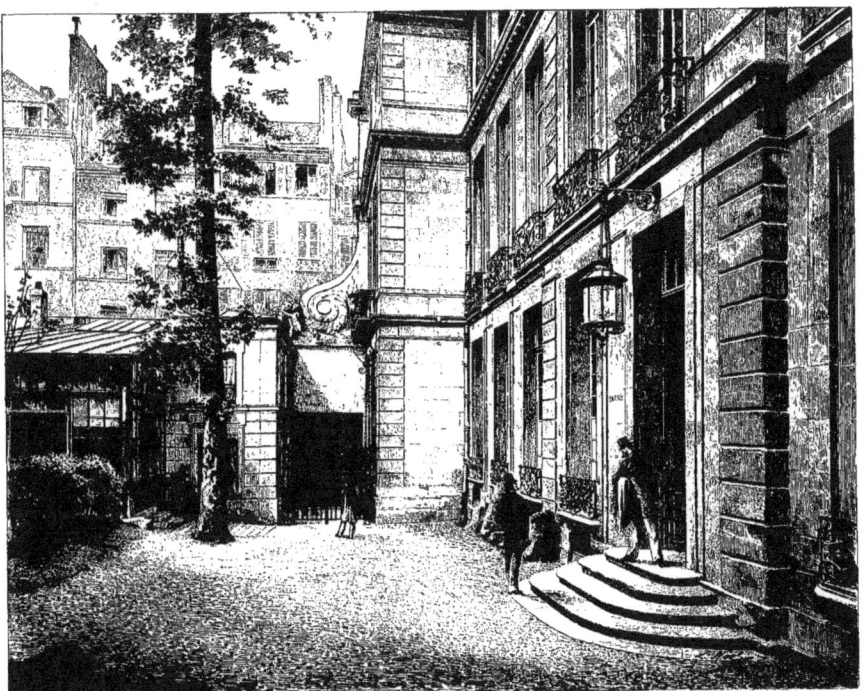

ENTRÉE DE L'ADMINISTRATION

ANCIENNE ÉCOLE CENTRALE

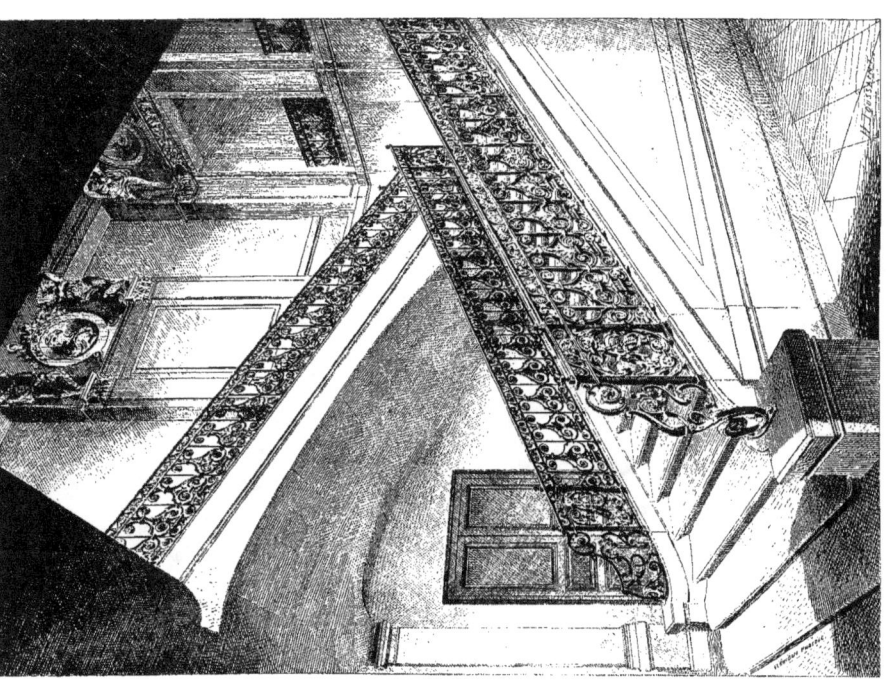

BAS DU GRAND ESCALIER

ANCIENNE ECOLE CENTRALE

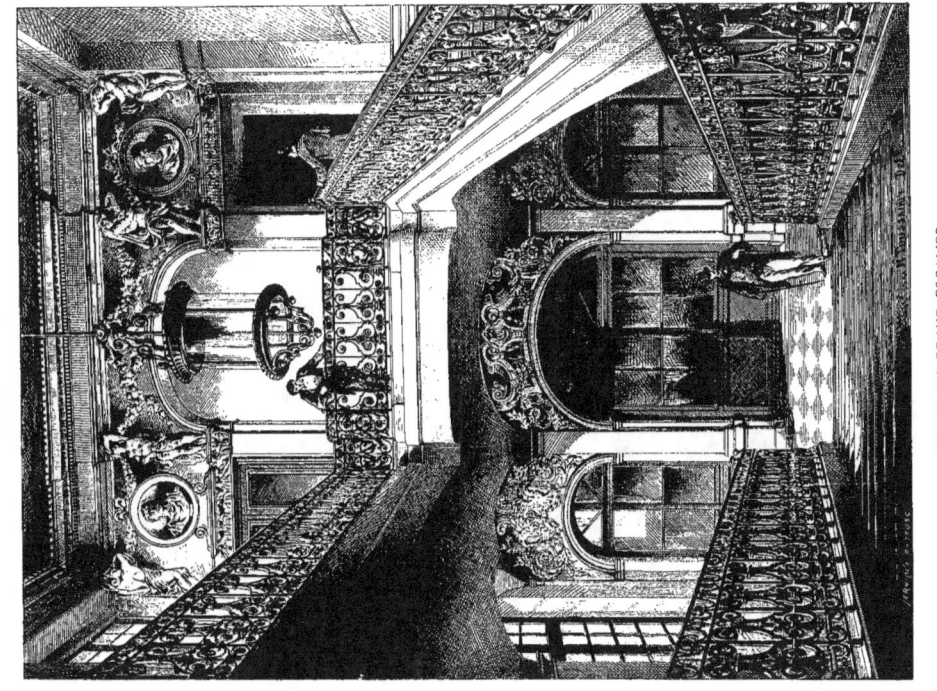

MILIEU DU GRAND ESCALIER

ANCIENNE ÉCOLE CENTRALE

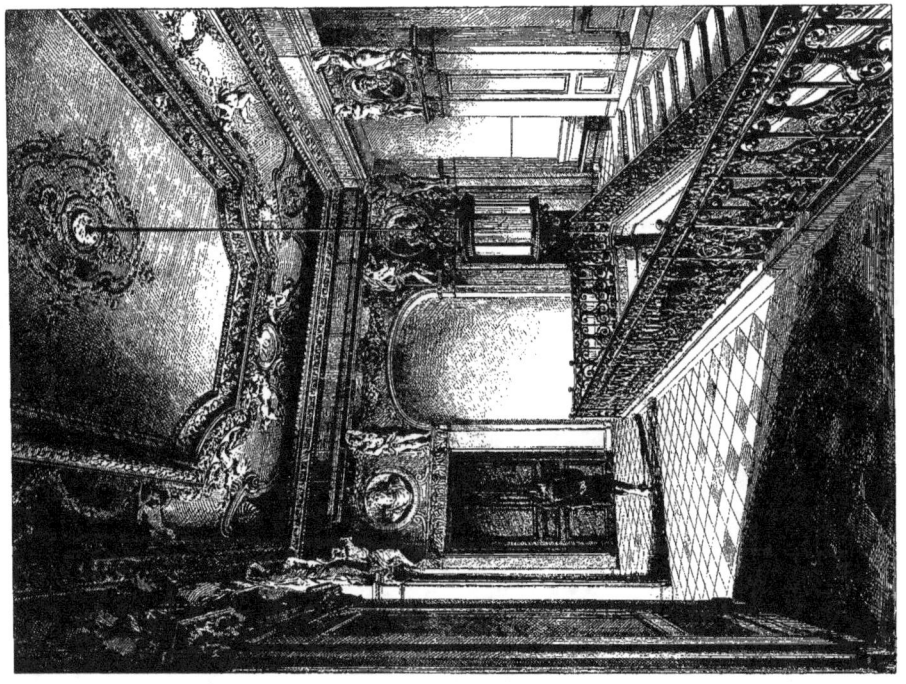

HAUT DU GRAND ESCALIER

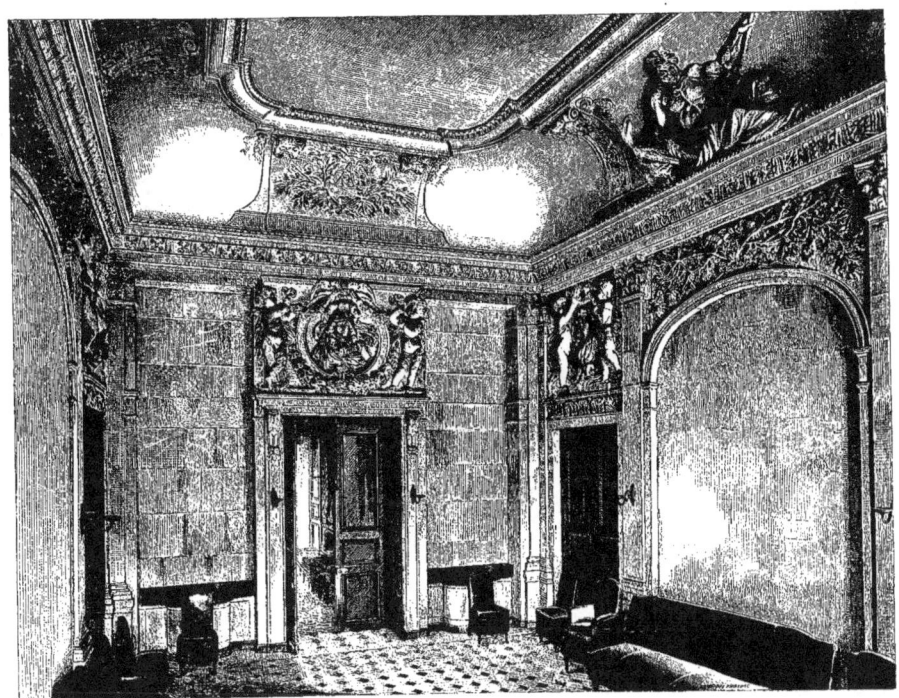

SALLE DE JUPITER

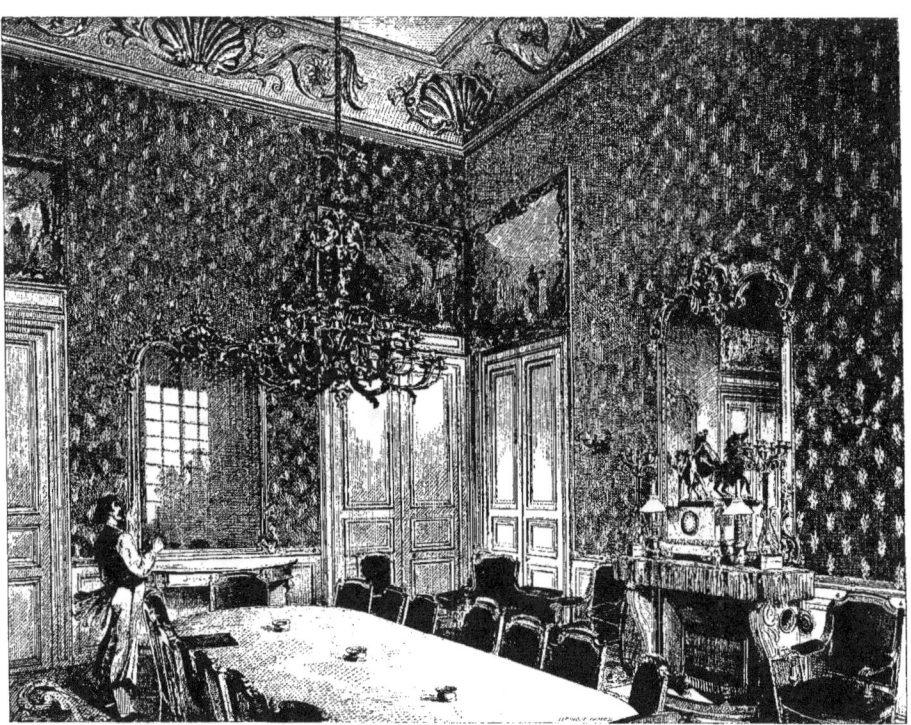

SALLE DU CONSEIL.

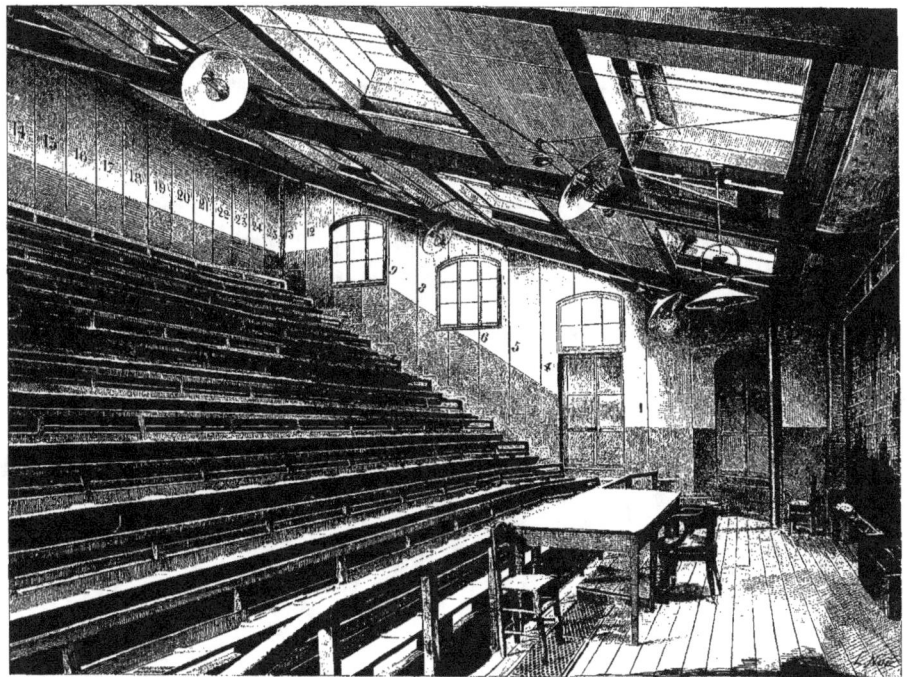

AMPHITHÉATRE DE GÉOMÉTRIE (CONSTRUIT EN 1855)

OU SE TENAIENT LES RÉUNIONS DE L'ASSOCIATION AMICALE

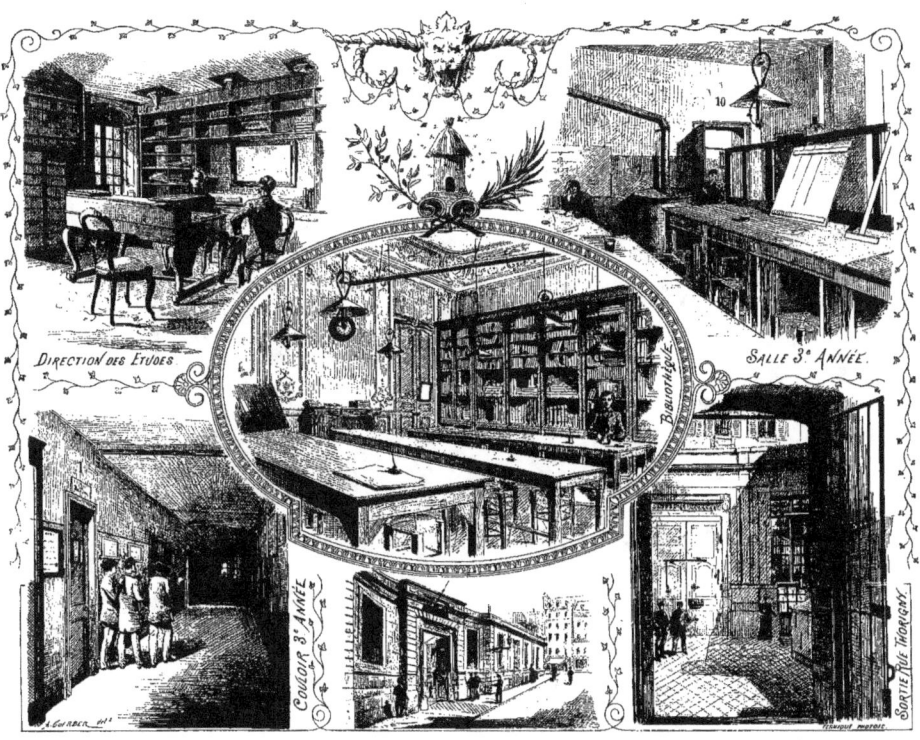

DIRECTION DES ETUDES

SALLE 3ᵉ ANNÉE.

BIBLIOTHÈQUE.

COULOIR 3ᵉ ANNÉE

SORTIE RUE THORIGNY

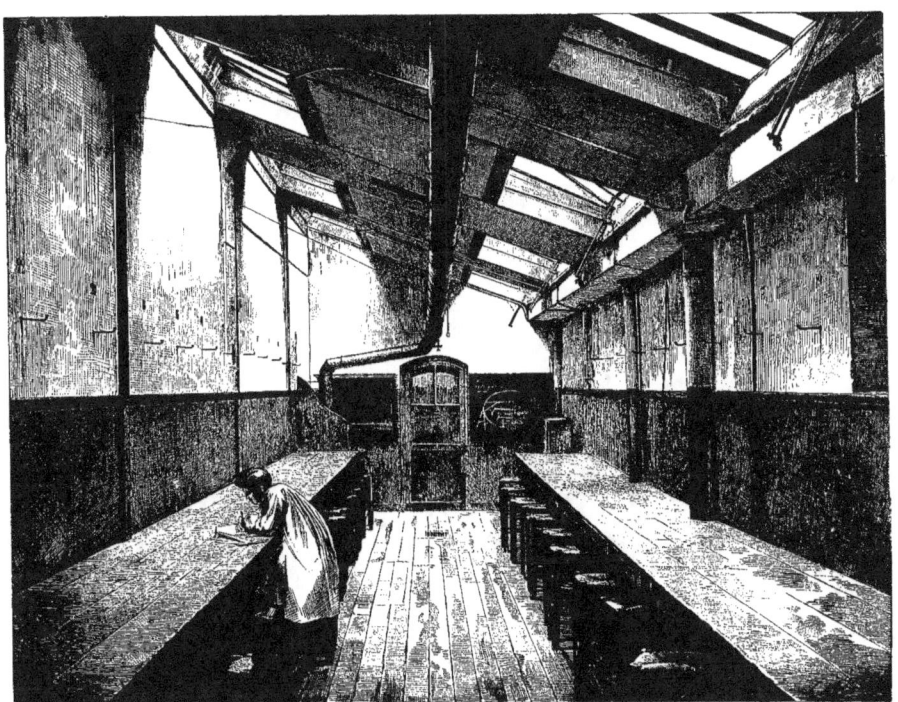

UNE SALLE DE PREMIÈRE ANNÉE
(CES SALLES ONT ÉTÉ CONSTRUITES EN 1856)

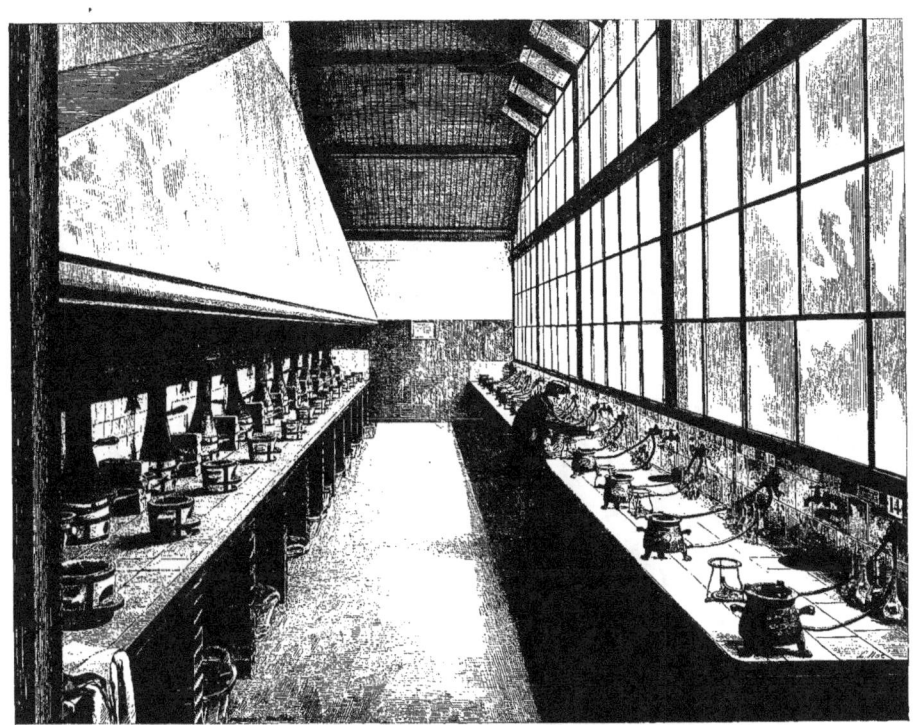

LABORATOIRE DE PREMIÈRE ANNÉE (construit en 1860)

Pl. 14

ANCIENNE ÉCOLE CENTRALE

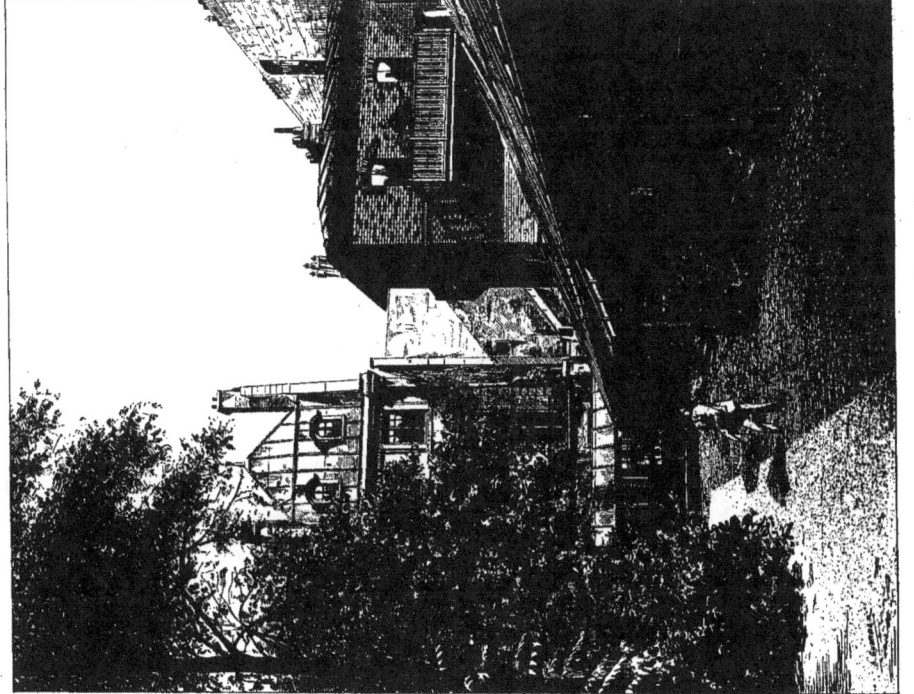

JARDIN ET SALLES DE PREMIÈRE ANNÉE

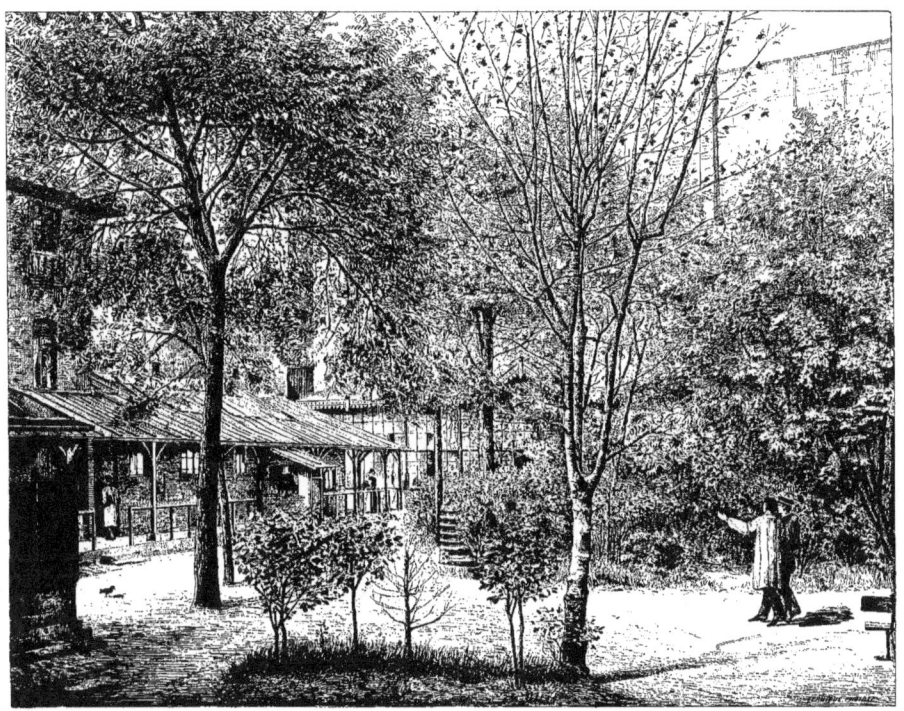

JARDIN VU DE L'ENTRÉE DE L'ADMINISTRATION

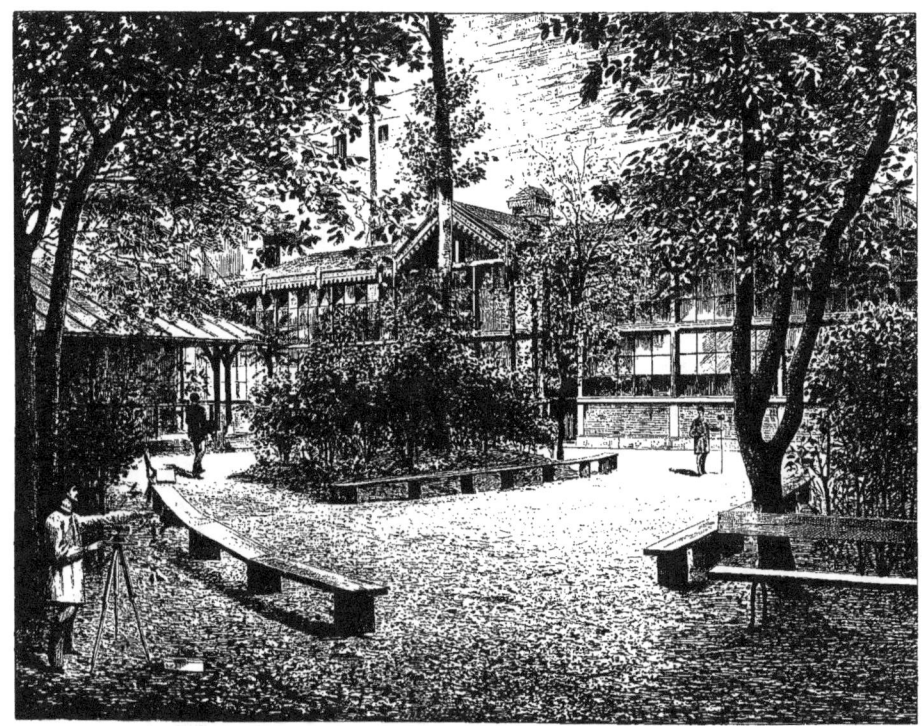

JARDIN; ROND-POINT CENTRAL ET LABORATOIRE DE PREMIÈRE ANNÉE

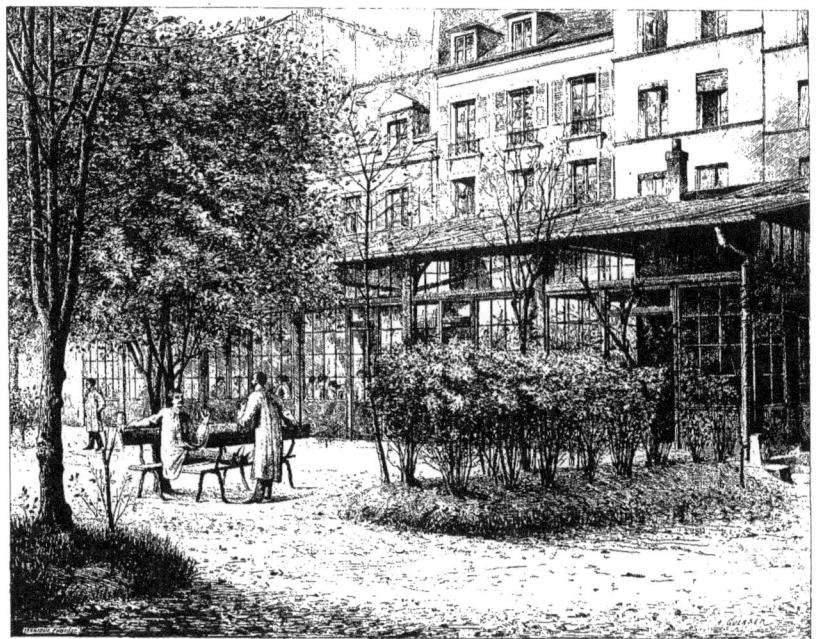

JARDIN ET RÉFECTOIRE

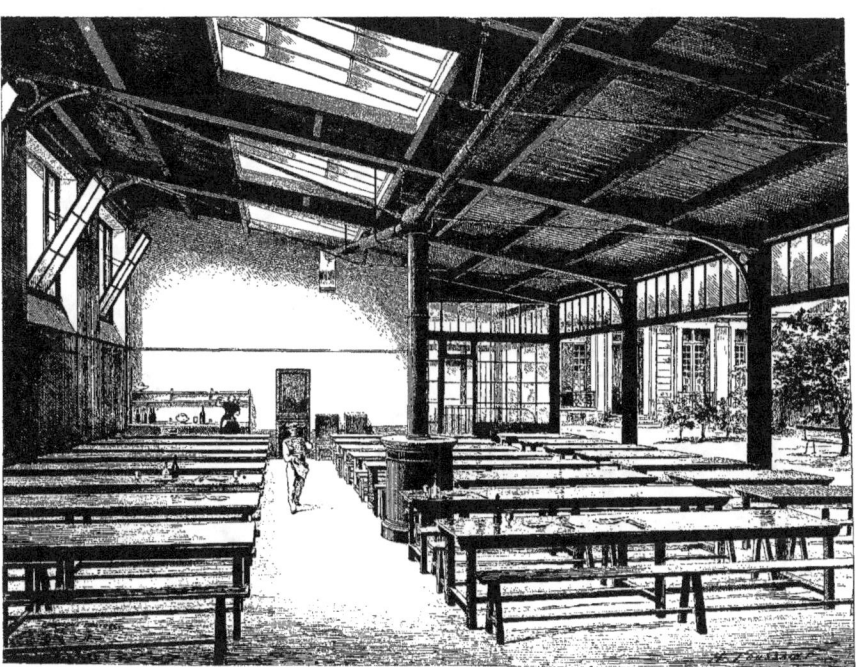

RÉFECTOIRE (CONSTRUIT EN 1868)

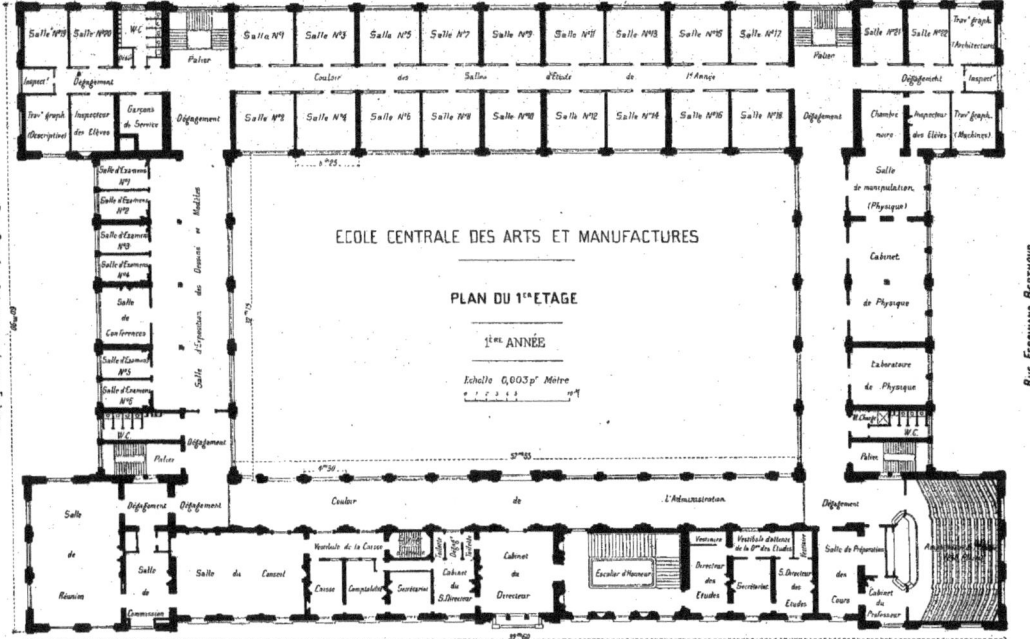

ÉCOLE CENTRALE DES ARTS ET MANUFACTURES

PLAN DU 1ᶜʳ ÉTAGE

1ʳᵉ ANNÉE

Échelle 0,003ᵖ Mètre

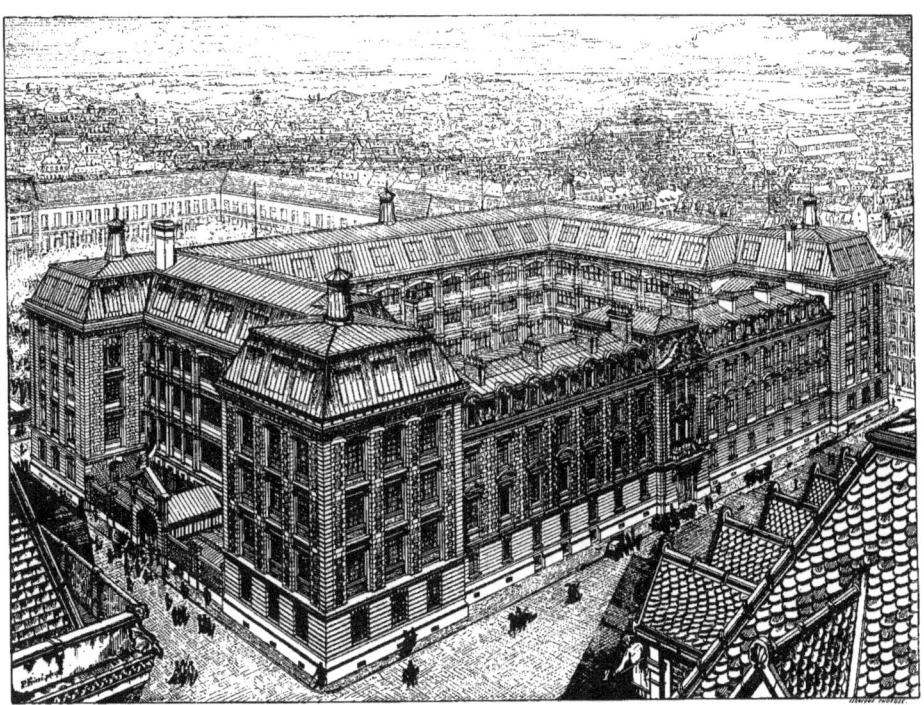

VUE PERSPECTIVE

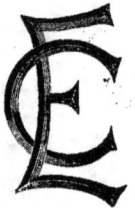

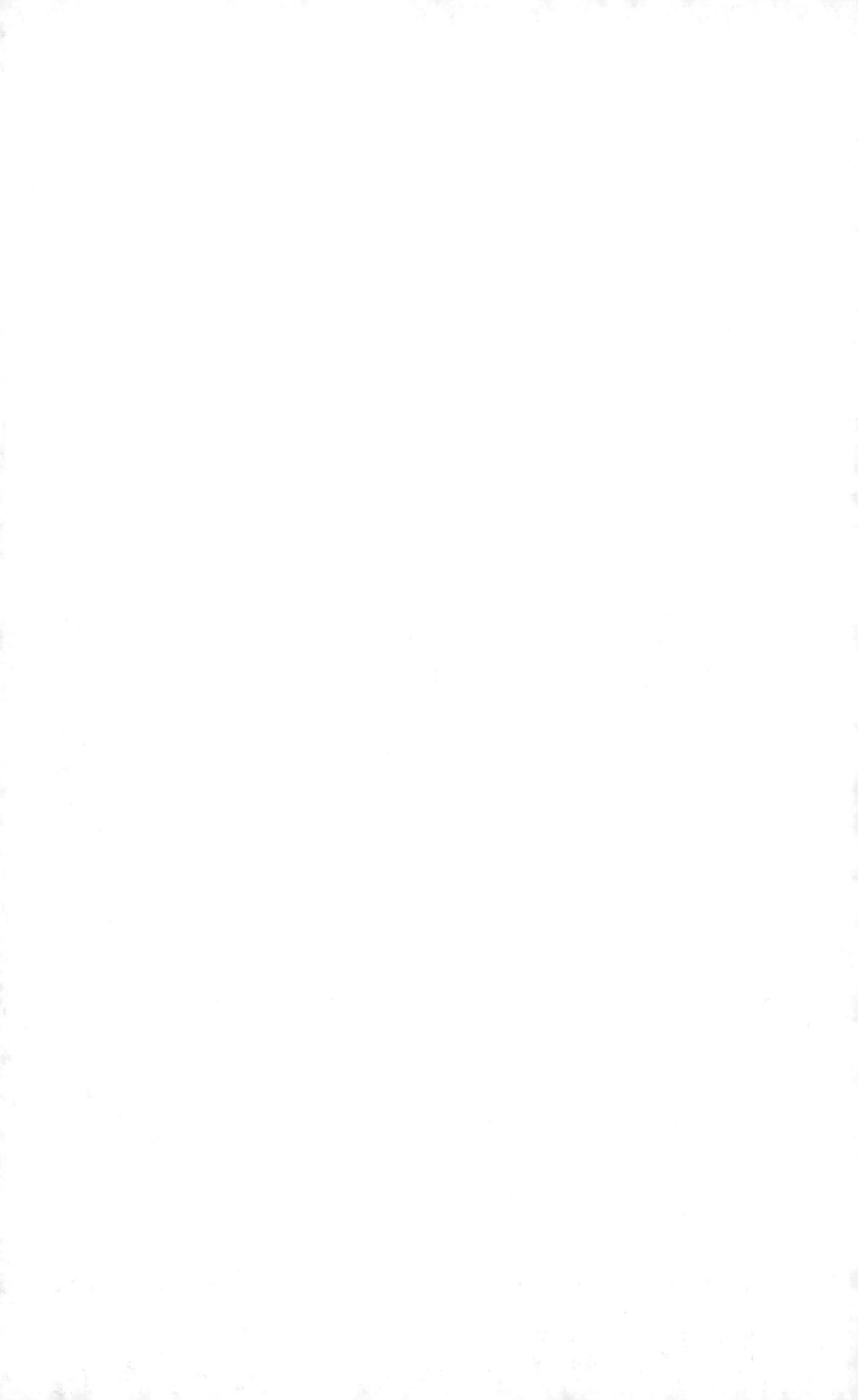

www.ingramcontent.com/pod-product-compliance
Lightning Source LLC
Chambersburg PA
CBHW071441220526
45469CB00004B/1620